BOEKANALYSE

AF143769

Belle en het Beest
• • • • • • • • • • • • • • • •

Madame Leprince de Beaumont

BOEKANALYSE

Geschreven door Margot Pépin
Vertaald door Nikki Claes

Belle en het Beest

- -

MADAME LEPRINCE DE BEAUMONT

JEANNE-MARIE LEPRINCE DE BEAUMONT

LERAAR FRANS, JOURNALIST EN SCHRIJVER

- **Geboren in Rouen (noordwest Frankrijk) in 1711.**
- **Overleden in Chavanod (Savoye, het huidige Frankrijk) in 1780.**
- **Opmerkelijke werken:**
  - *Le Nouveau Magasin des enfants* ("De nieuwe kinderwinkel", 1750), verhalenbundel
  - *Le Magasin des enfants* ("De kinderwinkel", 1756), verhalenbundel
  - *Contes moraux* (1774), verzameling korte verhalen.

Jeanne-Marie Leprince de Beaumont studeerde voor onderwijzeres en werkte aanvankelijk in Frankrijk voordat ze naar Engeland verhuisde, waar ze als gouvernante werkte voor de kinderen van adellijke families.

Ze leerde haar leerlingen Frans door hen sprookjes voor te lezen, want dat hield hen bezig terwijl ze leerden.

Haar eerste verhalenbundel *Le Nouveau Magasin des enfants* verscheen in 1750. Zes jaar later publiceerde ze een tweede bundel, *Le Magasin des enfants*, die een groot succes werd. Deze twee werken werden door talrijke andere, vaak educatieve werken.

BELLE EN HET BEEST

EEN TIJDLOOS SPROOKJE

- **Genre:** sprookje
- **Referentie-uitgave:** Leprince de Beaumont, J-M. (2014) *Beauty and the Beast*. [Online]. Urbana: Project Gutenberg. [Accessed 15 May 2018]. Beschikbaar vanaf: <http://www.gutenberg.org/files/7074/7074-h/7074-h.htm>
- **1e editie:** 1757
- **Thema's:** liefde, verschil, transformatie, lelijkheid, verschijningen

Hoewel *Belle en het Beest* is opgenomen in Leprince de Beaumont's verhalenbundel *Le Magasin des enfants*, heeft zij het verhaal niet zelf bedacht. Een eerdere versie was al gepubliceerd door de Franse schrijfster Gabrielle-Suzanne Barbot de Villeneuve (1685-1755) in 1740, en het verhaal *Cupido en Psyche*, dat teruggaat tot de oudheid en verscheen in een verzameling legenden van de Latijnse schrijver Apuleius (ca. 125-170), vertoont veel overeenkomsten met het latere verhaal. Apuleius' verhaal gaat over een mooie jonge vrouw genaamd Psyche die twee jaloerse, verraderlijke oudere zussen heeft en door Venus is veroordeeld om te trouwen met een afschuwelijk monster. Dit lot wordt haar echter bespaard door Cupido, de god van de liefde, die verliefd op haar wordt en met haar trouwt.

Het verhaal van Leprince de Beaumont verschilt van deze twee eerdere versies doordat het een duidelijk educatief doel dient. Elk verhaal in *Le Magasin des enfants* wordt gevolgd door een dialoog tussen de gouvernante en haar leerlingen, die uit het verhaal een morele les kunnen trekken. De les van *Belle en het Beest, dat* het verhaal vertelt van de ontmoeting van een jonge vrouw met een afschuwelijk wezen, is dat we niet moeten oordelen op basis van het uiterlijk en dat liefde mensen kan veranderen.

SAMENVATTING

Belle en het Beest vertelt het verhaal van een rijke koopman die drie zonen en drie dochters heeft, waarvan de jongste aantrekkelijk is. Zij wordt altijd "de kleine schoonheid" genoemd, en behalve dat zij het mooiste meisje van de familie is, is zij "ook beter dan haar zussen", omdat zij haar vrije tijd doorbrengt met lezen, terwijl haar twee zussen zijn en alleen met hertogen en graven willen mengen.

Op een dag verliest de koopman plotseling zijn hele fortuin, waardoor de familie naar het platteland moet verhuizen. De oudere zussen zijn radeloos, want door hun nieuwe armoede wil geen enkele man met hen trouwen. Beauty daarentegen is net zo arm als zij, maar trekt talrijke huwelijkskandidaten aan. Ze wijst ze echter af omdat ze haar vader, die hard werkt om het gezin te onderhouden, niet wil verlaten. Elke dag maakt ze het huis schoon en bereidt ze de maaltijden, terwijl haar vader en broers op het land werken. Ondertussen brengen haar zussen hun tijd door met nietsdoen en klagen over hun nieuwe leven.

Een jaar later verneemt de koopman dat een schip vol goederen net de haven is binnengelopen en hij is van plan erheen te gaan om wat voorraden op te halen. Zijn twee oudste dochters vragen hem jurken en cosmetica mee terug te nemen, terwijl Beauty niets meer vraagt dan een roos. Helaas worden de goederen dan in beslag genomen zodat hij zijn schulden kan betalen, waardoor hij "even arm als voorheen" achterblijft.

Op de terugweg verdwaalt hij in een bos. De nacht valt, waardoor hij koud, hongerig en op de rand van de wanhoop achterblijft. Hij wordt gered wanneer hij licht ziet van een groot paleis. Hij gaat naar binnen en vindt een laaiend vuur en een tafel vol eten, maar geen mensen. Omdat hij de eigenaar van het paleis niet kan vinden, eet hij uiteindelijk het eten op en nadat hij heeft rondgelopen en niemand heeft gevonden, gaat hij er slapen.

De volgende ochtend wordt hij wakker en vindt hij schone kleren en eten dat op hem wacht. Op weg naar huis ziet hij rozen en plukt er een paar om aan Beauty te geven. Op dat moment verschijnt er een afschuwelijk monster dat hem de les leest over zijn ondankbaarheid: de koopman is verwelkomd in het kasteel van het Beest en heeft eten en een slaapplaats gekregen, maar heeft deze vriendelijkheid terugbetaald door zijn rozen te stelen. Het Beest zegt dat hij dit met zijn leven moet bekopen.

De koopman smeekt het Beest hem te sparen en probeert uit te leggen dat hij de rozen voor zijn dochter heeft geplukt, waarop het Beest hem een aanbod doet: hij mag naar huis als hij een van zijn dochters naar het paleis brengt om in zijn plaats te worden gedood. Als zij "weigeren in zijn plaats te sterven", moet hij over drie maanden terugkomen om zijn straf onder ogen te zien.

De oude man is niet van plan zijn dochters op te offeren, dus gaat hij terug naar huis om afscheid van hen te nemen en vertelt hen in tranen wat er is gebeurd. Schoonheid biedt onmiddellijk aan zich op te offeren, omdat ze liever door het monster wordt opgegeten dan haar vader te verliezen en langzaam te sterven van verdriet. Ze is zo vasthoudend dat de koopman er uiteindelijk mee instemt haar zijn plaats te laten innemen.

Als ze in het paleis van het Beest aankomen, worden Beauty en haar vader getrakteerd op een heerlijke maaltijd voordat ze naar bed gaan. Een vrouw komt naar Beauty in een droom, feliciteert haar met het redden van haar vader en vertelt haar dat ze beloond zal worden. De volgende dag verlaat de koopman het paleis met een bezwaard gemoed, en Beauty besluit de beperkte tijd die haar nog rest te benutten om haar omgeving te verkennen.

Tot haar verbazing stuit ze op een deur met het opschrift "Beauty's Apartment". Ze opent deze en ontdekt een enorme bibliotheek met een klavecimbel, haar favoriete instrument. Als ze een van de boeken opent, ziet ze het bericht:

> *"Welkom, Schoonheid, verban angst,*
>
> *Je bent hier koningin en meesteres;*
>
> *Spreek uw wensen uit, spreek uw wil uit,*
>
> *Snelle gehoorzaamheid ontmoet ze nog steeds."*

Ze denkt onmiddellijk aan haar vader en ziet plotseling haar huis en familie in een grote spiegel. Terwijl de koopman teneergeslagen lijkt, kunnen haar twee zussen nauwelijks hun vreugde verbergen over het feit dat ze van haar af zijn. Op de middag hoort ze muziek, gespeeld door een onzichtbaar orkest.

Als ze die avond aan het eten is, verschijnt het monster en vertelt haar dat ze nu de meesteres van het paleis is, voordat hij haar vraagt: "zeg me, vind je me niet erg lelijk?". De schoonheid kan niet liegen en geeft toe dat hij lelijk is, maar zegt hem bij wijze van troost dat hij "heel goedaardig" is. Ze is gerustgesteld door de vriendelijkheid van het Beest en eet hartelijk. Ze is bijna niet meer bang, maar als hij haar ten huwelijk vraagt, weigert ze en kan ze niet anders dan beven.

Drie maanden gaan voorbij. Elke avond komt het Beest naar Beauty toe terwijl ze aan het eten is en vraagt haar opnieuw ten huwelijk. Hoewel het haar pijn doet hem te kwetsen, zegt ze elke keer nee. Geleidelijk went ze aan zijn lelijkheid en begint ze oprechte vriendschap voor hem te voelen.

Op een dag vraagt het Beest aan Beauty de belofte dat ze hem nooit zal verlaten, maar omdat ze net in de betoverde spiegel heeft gezien dat haar vader ernstig ziek is, geeft ze hem toe dat ze zal sterven als ze hem niet meer ziet. Hij stemt in met haar vertrek en vertelt haar dat ze alleen maar haar magische ring op haar nachtkastje te leggen voordat ze gaat slapen en dat ze dan wakker wordt waar ze maar wil. Hij belooft haar dat ze de volgende ochtend thuis wakker zal worden, en de dankbare schoonheid verzekert hem dat ze acht dagen later terug zal zijn.

De volgende dag wordt Beauty thuis wakker. Haar vader is dolblij haar te zien, maar haar zussen jaloers als ze zien dat ze gelukkig lijkt en als een prinses gekleed is. Ze besluiten ervoor te zorgen dat ze langer dan acht dagen thuis blijft, in de hoop dat het Beest woedend op haar zal zijn omdat ze haar belofte heeft gebroken en haar zal verslinden. Ze doen alsof ze boos zijn dat hun zus zo snel vertrekt en smeken haar langer te blijven. Schoonheid is ontroerd en stemt toe. In de tiende nacht heeft ze een droom waarin het Beest sterft in de tuin van zijn paleis. Ze heeft spijt dat ze hem verlaten heeft en besluit met hem te trouwen omdat ze beseft dat zijn lelijkheid verbleekt bij zijn goedheid en vriendelijkheid.

Ze legt daarom haar ring op haar nachtkastje en wordt de volgende dag wakker in het paleis van het Beest. Nadat ze tevergeefs naar hem heeft gezocht, herinnert ze zich haar droom en rent ze de tuin in, waar ze hem "languit, volkomen reddeloos" aantreft. Eerst denkt ze dat hij dood is en raakt in wanhoop, maar uiteindelijk weet ze hem weer tot leven te wekken. Het Beest vertelt haar dat haar afwezigheid hem zo'n pijn deed dat hij besloot zich te laten verhongeren. Dan vertelt de schoonheid hem dat ze met hem wil trouwen, waarop het kasteel onmiddellijk oplicht en er een knappe prins aan haar voeten verschijnt. Zij heeft zojuist de vloek verbroken die een "boze fee" over de jongeman had uitgesproken en die hem veroordeelde om de vorm van een monster aan te nemen totdat "een mooie maagd" ermee instemde om met hem te trouwen.

Ze gaan samen terug het paleis in, waar Belle's hele familie op hen wacht. De vrouw die tijdens haar eerste nacht in het kasteel in haar droom kwam en die een goede fee blijkt te zijn, vertelt haar dat ze beloond zal worden voor het offer dat ze voor haar vader heeft gebracht door "een grote koningin" te worden.

De fee spreekt vervolgens een spreuk uit over de zusjes van Beauty die hen in standbeelden verandert. Ze zijn zich echter nog steeds bewust van alles wat er om hen heen gebeurt, dus worden ze gedwongen bij de paleispoort te staan en "het geluk van [Schoonheid] te aanschouwen". De fee vertelt hen dat de betovering zal worden verbroken als zij "hun fouten toegeven" en hun "boosaardige en afgunstige geesten" verbeteren.

Na deze woorden worden alle aanwezigen meegevoerd naar het koninkrijk van de prins, waar Schoonheid en het Beest getrouwd zijn. Ons wordt verteld dat ze vele jaren samen hebben geleefd, en dat "hun geluk, omdat het gebaseerd was op deugdzaamheid, compleet was".

KARAKTERSTUDIE

SCHOONHEID

Beauty is een bijzonder aantrekkelijke jonge vrouw die haar bijnaam dankt aan haar uiterlijk, maar ook intelligent en beschaafd is (haar favoriete bezigheden zijn lezen en klavecimbel spelen). Ze is de belichaming van de deugd, want ze is vriendelijk, aangenaam, gedienstig en nederig. Haar eerlijkheid wordt alleen geëvenaard door haar vroomheid en vrijgevigheid.

Ze is buitengewoon aardig en meelevend: wanneer haar vader zijn fortuin verliest, klaagt ze niet en is ze meer dan bereid hem te volgen naar het platteland. Ze werkt hard en draagt moedig de last van het huishouden om haar familie te helpen. Zonder aarzelen offert zij zich op voor haar vader en troost hem zelfs als hij radeloos is over het lot dat haar te wachten staat door een dapper gezicht op te zetten om hem niet nog meer leed te berokkenen.

Ze is vriendelijk en tolerant tegenover haar zussen, ook al bekritiseren en bespotten die haar voortdurend. Ze wil niets dan geluk voor hen: ze vraagt haar vader om echtgenoten voor hen te zoeken en wil hen de jurken geven die ze uit het paleis van het Beest heeft meegenomen.

Hoewel het Beest fysiek weerzinwekkend is en haar beangstigt, heeft ze medelijden en begrip voor hem en gaat ze steeds meer van hem houden naarmate ze hem beter leert kennen. Zodra ze zijn aangeboren goedheid inziet, stemt ze erin toe met hem te trouwen.

Dit is nog een bewijs van haar deugdzaamheid, want ze beoordeelt mensen niet op hun uiterlijk, maar zoekt naar hun ware innerlijke schoonheid. Dit betekent dat ze voorbestemd is om een grote koningin te worden.

HET BEEST

Het Beest is in werkelijkheid een prins die vervloekt is door een "boze fee"; dit betekent dat hij de vorm van een monster aanneemt totdat hij een "mooie maagd" kan vinden om mee te trouwen. Deze taak is dubbel moeilijk: niet alleen is zijn uiterlijk weerzinwekkend, maar het is hem ook verboden te laten zien dat hij een intelligent gesprek kan voeren.

Ondanks de oneerlijkheid van zijn lot, dat hem lelijk en angstaanjagend heeft gemaakt, is hij toch vriendelijk en gul: wanneer Schoonheid in het paleis komt wonen, doet hij alles om haar gelukkig te maken. Wanneer zij hem vertelt dat ze weg wil om haar vader te zien, laat hij haar vertrekken, ook al weet hij dat dit tot zijn eigen dood kan leiden. Hij houdt zoveel van haar dat hij bereid is zichzelf op te offeren.

Aan het eind van zijn verhaal worden zijn geduld en zelfverloochening beloond, want de vloek die op hem rust wordt opgeheven en hij verandert weer in de knappe prins die hij ooit was, keert terug naar zijn koninkrijk en vindt blijvend geluk in zijn huwelijk met Schoonheid.

BEAUTY'S ZUSTERS

De twee oudere zussen van Beauty zijn allebei erg mooi, maar niet zo mooi als zij, wat bij hen grote wrevel opwekt.

Ze zijn trots, hebzuchtig en oppervlakkig, en geven alleen maar om hun uiterlijk en hun sociale status, zozeer zelfs dat ze om te gaan met iemand die niet van adellijke afkomst is. Aanvankelijk weigeren ze naar het platteland te verhuizen wanneer hun vader zijn fortuin verliest, maar wanneer de hele familie gedwongen wordt te verhuizen, laten ze hun jongere zusje alleen het huishouden doen.

Ze zijn zo egocentrisch en verstoken van empathie dat ze geen medelijden hebben met hun vader wanneer deze zijn fortuin verliest of terugkeert uit het kasteel van het Beest met een doodvonnis boven zijn hoofd. Ze zijn jaloers op hun zus, bekritiseren en bespotten haar voortdurend, zijn blij als ze bij het Beest gaat wonen en verheugen zich over het vooruitzicht dat ze door hem wordt opgegeten.

Hun slechtheid wordt gestraft door de fee, die hen in standbeelden verandert en hen vertelt dat "de bekering van een kwaadaardige en afgunstige geest" de enige manier is om dit lot te ontsnappen. Zij twijfelt echter aan hun vermogen om te veranderen en zegt hen "Ik ben erg bang dat jullie altijd standbeelden blijven".

BEAUTY'S VADER

Hij is een goede, liefhebbende man die bereid is alles te doen voor zijn zes kinderen: Hij heeft hen een goede opleiding gegeven en werkt hard om voor hen te zorgen.

Aan het begin van het verhaal is hij een rijke koopman, maar nadat hij zijn fortuin heeft verloren, gaat hij op de boerderij werken om in zijn levensonderhoud te voorzien.

Hij is nederig en tolerant, en bewondert de deugdzaamheid van zijn jongste dochter terwijl hij de gebreken van zijn oudere dochters accepteert. Wanneer Schoonheid aanbiedt zich voor hem op te offeren, doet hij alles om haar af te raden, maar zijn pogingen zijn tevergeefs. Haar vertrek maakt hem neerslachtig en wanhopig en hij mist zijn dochter zo erg dat hij ziek wordt. Hij is oud en zwak en daarom doet Schoonheid er alles aan om hem te sparen.

Hij heeft ook drie zonen, maar die zijn vrijwel afwezig in het verhaal.

ANALYSE

SPROOKJES

Sprookjes vinden hun oorsprong in de orale traditie en vertellen denkbeeldige verhalen met fictieve personages. De helden van deze verhalen gaan op queeste en moeten een reeks obstakels overwinnen voordat ze het geluk vinden. De meeste sprookjes hebben een moraal, die vaak aan het eind van het verhaal expliciet wordt gemaakt.

De zoektocht van Beauty is het vinden van liefde en geluk, terwijl die van het Beest is het vinden van een vrouw die met hem wil trouwen en van hem wil houden ondanks zijn uiterlijk. Hij voltooit deze zoektocht, die hem is opgelegd door een boze fee, aan het eind van het verhaal.

Verhalende structuur

Belle en het Beest volgt de klassieke sprookjesstructuur.

Beginsituatie: dit is het begin van het verhaal, het moment om de scène neer te zetten en de personages te introduceren; de situatie is evenwichtig, wat betekent dat er geen reden is om deze te veranderen.

- Een rijke koopman leidt een rustig leven met zijn drie zonen en drie dochters.

Ontwrichtend element: dit is een gebeurtenis die plaatsvindt, waardoor de beginsituatie en het echte verhaal op gang komt.

- De koopman verliest zijn fortuin en moet met zijn kinderen naar het platteland verhuizen.

Ontwikkelingen: dit zijn de door het verstorende element veroorzaakte gebeurtenissen die de held ertoe brengen actie te ondernemen om het probleem op te lossen.

- De koopman ontmoet het Beest, dat zegt dat hij hem zal laten leven als hij hem een van zijn dochters aanbiedt. Beauty neemt haar intrek in het paleis van het Beest, waar ze geleidelijk aan naar elkaar toegroeien en vriendinnen worden. Dan maakt Beauty zich zorgen over haar vader en besluit naar huis terug te keren, wat het Beest tot wanhoop drijft. De jaloezie van haar zussen verhindert haar vervolgens om op het geplande tijdstip naar het paleis terug te keren en het Beest sterft bijna van verdriet. Beauty heeft spijt dat ze hem verlaten heeft en keert terug naar het paleis.

Resultaat: dit maakt een einde aan de ontwikkelingen en leidt tot de conclusie.

- Schoonheid vertelt het Beest dat ze met hem zal trouwen en hij verandert in een prins.

Conclusie: dit is het einde van het verhaal. De situatie is weer stabiel, zoals de beginsituatie, maar er zijn enkele veranderingen.

- Beauty en het Beest trouwen en leven nog lang en gelukkig, terwijl haar zussen gestraft worden door in standbeelden te veranderen.

EEN MAGISCHE WERELD

Zoals in alle sprookjes speelt magie een grote rol in *Belle en het Beest*:

- **Het verhaal kent fantastische personages.** De figuur van de boze fee, die een vloek over de prins heeft uitgesproken, is typerend voor het genre, evenals de goede fee, die in een droom naar Beauty en haar vervolgens beloont voor haar deugdzaamheid, haar twee zussen straft en iedereen naar het koninkrijk van de prins brengt door "een aai met haar staf" te geven.

- **Het bevat magische voorwerpen,** zoals de ring die het Beest aan Beauty geeft en die haar van het paleis naar het huis van haar vader brengt, en de spiegel waarmee ze haar familie kan zien terwijl ze in het paleis van het Beest is.

- **Het toont transformaties,** namelijk de transformatie van het Beest in een prins en de transformatie van de zusters van Schoonheid in standbeelden aan het einde van het verhaal.

EEN SIMPLISTISCHE KIJK OP DE WERELD

Belle en het Beest is ook typisch voor het sprookjesgenre, omdat het de wereld zwart-wit afschildert en de personages gemakkelijk kunnen worden onderverdeeld in de categorieën goed en kwaad.

Beauty, haar vader en het Beest zijn allemaal goed, terwijl haar zussen volkomen slecht zijn. De "boze fee", die niet persoonlijk in het verhaal voorkomt, kan ook als schurk worden aangemerkt vanwege de vloek die zij eerder over het Beest heeft uitgesproken.

De slechte personages staan de goede personages in de weg bij hun zoektocht. De zussen van Beauty weigeren bijvoorbeeld het nieuwe leven van hun vader te aanvaarden, helpen niet op de boerderij of rond het huis, bekritiseren Beauty, die gedwongen wordt om "als bediende te werken", en hun vader onder druk om zijn schamele inkomen uit te geven aan "nieuwe japonnen, petten, ringen en allerlei kleinigheden".

Dan manipuleren ze hun jongere zus om haar belofte aan het Beest te breken in de hoop dat hij haar voor straf zal doden: "laten we proberen haar langer dan een week vast te houden, en misschien zal het domme monster zo woedend op haar zijn omdat ze haar woord gebroken heeft, dat hij haar zal verslinden".

Omgekeerd blijkt de aangeboren goedheid van de deugdzame personages onomkoopbaar:

- ook al zijn haar zussen wreed en manipulatief, toch behandelt Beauty hen vriendelijk;

- blijft het hart van het Beest zuiver ondanks zijn transformatie en de tegenslagen die hij ondervindt.

De zusters van de schoonheid zijn daarentegen zo slecht dat ze niet kunnen veranderen. De fee die hen in standbeelden verandert, betwijfelt zelfs of zij in staat zijn verlossing te verdienen: "de bekering van een kwaadaardige en jaloerse geest is een soort wonder".

Hoewel het Beest over het algemeen een goed personage is, is hij genuanceerder dan de rest van de personages in het verhaal. Dit blijkt het duidelijkst aan het begin van het verhaal, wanneer hij heftig overdrijft en in woede uitbarst, nadat hij de koopman betrapt op het plukken van zijn bloemen. Hij veroordeelt hem zelfs ter dood omdat hij een paar rozen heeft gepakt, terwijl hij hem net royaal eten en een slaapplaats heeft aangeboden.

Het Beest lijkt zeker wreed als we hem voor het eerst ontmoeten, als hij eist dat de koopman zijn dochter offert, maar in werkelijkheid is hij niet van plan het meisje te doden; hij wil alleen de vloek verbreken die op hem rust. Toch verzacht zijn onverklaarbare woede-uitbarsting zijn wezenlijke goedheid en suggereert hij dat er een andere, duistere kant aan zijn persoonlijkheid zit.

DEUGDZAAMHEID WORDT BELOOND

De belangrijkste moraal van het verhaal is dat we niet moeten oordelen op basis van uiterlijkheden, maar het leert ons ook dat deugdzame handelingen beloond zullen worden. Dit wordt geïllustreerd door het contrasterende lot van Beauty en haar zusters: haar zusters, die ondeugd belichamen, worden gestraft, terwijl Beauty, die deugdzaam is, wordt beloond met geluk.

De ondergang van de zusters

Beauty's zusters hebben veel gebreken:

- **Ze zijn jaloers en egoïstisch.** In de eerste regels van het verhaal wordt ons verteld dat de uitzonderlijke schoonheid van de heldin "haar zusters zeer jaloers maakte". Later, wanneer Schoonheid terugkeert uit het paleis van het Beest en zij horen hoe gelukkig zij is, zijn de twee zussen, in plaats van blij te zijn dat zij leeft en dat zij met haar herenigd zijn, "ziek van afgunst" en vragen zij zich af "waarin is dit kleine schepsel beter dan wij, dat zij zoveel gelukkiger is?".

- **Ze zijn ijdel, oppervlakkig en hebzuchtig.** Ze hebben "veel trots, omdat ze rijk zijn", "geven zichzelf een belachelijk voorkomen" en weigeren "de dochters van andere kooplieden te bezoeken, noch gezelschap te hebben van anderen personen van goede kwaliteit". Ze geven een fortuin uit aan kleding en cosmetica, hebben plezier in frivole activiteiten en lachen Beauty uit omdat ze "het deel van haar tijd besteedt aan het lezen van goede boeken".

- **Ze zijn lui.** Terwijl hun vader en broers op het land werken en Beauty al het kook- en schoonmaakwerk doet, staan de twee zussen "[op] om tien uur en [doen] niets anders dan de hele dag rondslenteren en klagen over het verlies van hun mooie kleren en hun kennis".

- **Ze zijn kwaadaardig.** Ze zijn vervuld van "kwaadaardigheid", en laten geen gelegenheid voorbijgaan om hun zus te bekritiseren, "haar elk moment beledigend". Ze zijn blij als ze denken dat Beauty gaat sterven ("hun vreugde, omdat ze van hun zus af waren, was zichtbaar in elke gelaatstrek"), en gaan zelfs zover dat ze een complot smeden om het Beest te laten verslinden.

Deze gebreken veroordelen hen tot eeuwig ongeluk. Wanneer hun vader zijn fortuin verliest, betekent het feit dat zij "door hun hoogmoed niet geliefd zijn" dat niemand medelijden met hen heeft en zij alleen achterblijven: "hun geliefden kleineerden en verlieten hen in hun armoede".

Wanneer Schoonheid terugkeert uit het paleis van het Beest, treft zij hen beiden diep ongelukkig aan, omdat zij slechte huwelijken hebben gesloten: de ene is getrouwd met een man die knap is, "maar zo dol op zijn eigen persoon, dat hij alleen maar vol is van zichzelf", terwijl de man van de andere zijn verstand gebruikt "om iedereen te plagen en te kwellen, en zijn vrouw nog het meest".

Aan het eind van het verhaal straft de fee de zussen voor hun hatelijk en kwaadaardig gedrag door hen in standbeelden te veranderen. Dit voorkomt dat zij nog meer kwaad kunnen aanrichten en dwingt hen getuige te zijn van het geluk van hun zus.

Het geluk van de schoonheid

Schoonheid daarentegen is volkomen deugdzaam:

- **Ze is vrijgevig en onzelfzuchtig. Ze is** zeer empathisch, geeft veel om andere mensen en hun geluk, en "[spreekt] zo vriendelijk tegen arme mensen". Ze zorgt voor de rest van haar familie, vooral voor haar vader, en aarzelt niet haar eigen welzijn op te offeren voor dat van haar zussen. Ze gaat zelfs zo ver dat ze haar leven geeft aan het Beest om haar vader te redden.

- **Ze is nederig en moedig.** Wanneer ze verneemt dat haar vader geruïneerd is, neemt ze een filosofische houding aan en zegt tegen zichzelf "Ik moet proberen mezelf gelukkig te maken zonder fortuin". Haar moed blijkt ook uit haar besluit om naar het paleis van het Beest te gaan, en vervolgens uit de kalmte en wijsheid waarmee ze haar lot tegemoet treedt: zelfs als ze denkt dat het Beest haar diezelfde nacht nog zal verslinden, "besluit ze niet ongerust te zijn zolang ze nog te leven heeft".

- **Ze is tolerant en vergevingsgezind.** Ze houdt niet vast aan bitterheid of wrok, vergeeft haar zussen snel hun hatelijke gedrag en wil hun de mooie jurken geven die het Beest haar gaf. Ze slaagt er ook in om voorbij het weerzinwekkende uiterlijk van het Beest te kijken naar zijn innerlijke schoonheid.

De reis van Beauty is precies het tegenovergestelde van die van haar zussen, want zij wordt uiteindelijk beloond voor haar deugdzame daden en aangeboren goedheid. Bovendien heeft de ondergang van haar vader, in tegenstelling tot hen, geen invloed op haar sociale status, want ze wordt nog steeds gerespecteerd en geliefd, en "verscheidene heren zouden met haar getrouwd zijn". Nadat het gezin naar het platteland is verhuisd, vindt ze voldoening in haar werk en in de kunst. Later vindt ze geluk en daarna liefde bij het Beest, en aan het eind van het verhaal trouwt ze, wordt koningin en leeft nog lang en gelukkig.

Haar geluk wordt mogelijk gemaakt door haar deugdzaamheid, zoals haar wordt verteld door de fee tot haar komt in een droom op de nacht dat ze ermee instemt in het paleis Beest te gaan wonen: "deze goede daad van jou om je eigen leven op te geven om dat van je vader te redden zal niet onbeloond blijven".

Het lot van Beauty levert een van de moralen van het verhaal: deugdzaamheid wordt altijd beloond, terwijl ondeugd tot ongeluk leidt.

HET BEEST: EEN MONSTER EN EEN HEER

Het karakter van het Beest belichaamt een van de moralen van het verhaal: we moeten niet oordelen op basis van uiterlijkheden. Achter zijn monsterlijke façade gaat een charmante prins schuil die door een boze fee is getransformeerd. Deze transformatie heeft hem een dubbele persoonlijkheid gegeven, want hij heeft zowel een dierlijke als een menselijke kant.

Zijn monsterlijke kant

Het Beest wordt beschreven als een "monster" en als "zo'n angstaanjagend beest" dat Beauty's vader "klaar is om flauw te vallen" als hij hem ziet. Wanneer Beauty hem voor het eerst ontmoet, "beeft zij" en is zij "doodsbang voor zijn afschuwelijke gedaante". Hij spreekt met een "verschrikkelijke stem" en lijkt erg sterk en indrukwekkend: Beauty's vader zegt tegen zijn zonen dat "de kracht van het Beest zo groot is, dat ik geen hoop heb dat jullie hem zullen overwinnen". Zijn dierlijke kant komt ook naar voren wanneer hij Beauty's vader betrapt bij het plukken van zijn rozen, terwijl hij hem met geweld bedreigt en zich opmaakt om hem te doden: "Je zult ervoor sterven; ik geef je slechts een kwartier om je voor te bereiden en je gebeden te zeggen". Beauty's vader overleeft alleen omdat hij het Beest vertelt over zijn dochters, wat hem inspireert de man zijn leven aan te bieden in ruil voor een van hen.

In werkelijkheid is het wezen dat Beauty's vader aan het begin van het verhaal ziet als een "lelijk monster" een prins met een zuiver hart.

De menselijkheid van het Beest, die contrasteert met zijn uiterlijk, is te zien in zijn behandeling van Beauty en inspireert haar om te zeggen: "Het is jammer dat iets dat zo goedaardig is, zo lelijk is." De discrepantie tussen zijn uiterlijk en zijn ware aard heeft hem geïsoleerd, maar toch gedraagt hij zich als een perfecte heer: hij spreekt welbespraakt, is onophoudelijk vriendelijk (niet tegen Beauty, maar ook tegen haar vader voordat hij zijn rozen plukt), en is nederig en respectvol. Hoewel hij bedroefd en teleurgesteld achterblijft door de weigering van Beauty om met hem te trouwen, accepteert hij haar besluit en respectvol.

Wanneer Schoonheid hem vertelt hoezeer het haar spijt dat haar vader alleen en ziek is, toont hij zijn empathische kant door haar terug te laten gaan om hem te zien. Vervolgens bewijst hij de kracht en zuiverheid van zijn liefde wanneer zij niet terugkeert: hij is "zo bedroefd omdat hij [haar] kwijt is, dat hij besluit [zichzelf] uit te hongeren".

Gezien het geduld, de nederigheid en de goedheid waarvan hij elders in het verhaal blijk geeft, roept zijn gewelddadige reactie op het "ondankbare" gedrag van Beauty's vader vragen op. Het impliceert dat de prins, nu hij een beest is geworden en verzwakt door zijn eenzaamheid en de ongelukkigheid van zijn lot, zijn dierlijke natuur de overhand heeft laten krijgen. Deze episode, die direct leidt tot de gebeurtenissen in de rest van het verhaal, maakt zijn karakter onvoorspelbaar en onmogelijk te pinnen.

Menselijke natuur

Meer in het algemeen wordt de vraag naar de grens tussen menselijkheid en dierlijkheid gebruikt om de complexiteit, multidimensionaliteit en "onmenselijkheid" van de mensheid te verkennen. Belle zegt: "Onder de mensen […] zijn er velen die die naam [monster] verdienen dan jij, en ik verkies jou, zoals je bent, boven degenen die onder een menselijke vorm een verraderlijk, corrupt en ondankbaar hart verbergen". Naast de kwestie van het contrast tussen verschijning en innerlijke werkelijkheid, laat het verhaal zien dat in ieder van ons een monster sluimert. Het ambivalente, quasi-dierlijke karakter van dit gentleman-monster weerspiegelt dan ook de duistere kant van de menselijke natuur en maakt van *Belle en het Beest* een universeel verhaal.

VERDERE REFLECTIE

ENKELE VRAGEN OM OVER NA TE DENKEN...

- Welke moraal of moraal draagt het verhaal in zich? Motiveer je antwoord.

- Het woord "fee" komt van het Latijnse *fatum*, wat "lot" betekent. Op welke manier zijn de twee feeën in het verhaal verbonden met het lot?

- Op welke manieren vertoont dit verhaal de kenmerken van fantastische literatuur?

- In *The Uses of Enchantment: The Meaning and Importance of Fairy Tales* (1976) betoogt de in Oostenrijk geboren Amerikaanse psychiater Bruno Bettelheim (1903-1990) dat Schoonheid gedeeltelijk wordt gemotiveerd door een Oedipaal innerlijk conflict. Hoe zouden de relaties van Beauty met haar vader en het Beest deze interpretatie kunnen rechtvaardigen?

- Vergelijk Leprince de Beaumont's versie van het verhaal met de Disney animatieversie uit 1991 en de Disney live action adaptatie uit 2017.

- Op welke manieren pleit het verhaal voor deugdzaamheid?

- Hoe beeldt Leprince de Beaumont de gevaren van ondeugd uit?

- Vergelijk *Belle en het Beest* met *Assepoester*. Welke thema's komen in beide sprookjes voor?

- Er bestaan verschillende versies van *Belle en het Beest*. Wat zijn de overeenkomsten en verschillen tussen hen?

- Waarom zijn er verschillende versies van het verhaal?

VERDER LEZEN

REFERENTIE-UITGAVE

Leprince de Beaumont, J-M. (2014) *Beauty and the Beast*. [Online]. Urbana: Project Gutenberg. [Accessed 15 May 2018]. Beschikbaar vanaf: <http://www.gutenberg.org/files/7074/7074-h/7074-h.htm>

REFERENTIESTUDIES

Apuleuis. (2008) *Cupido en Psyche*. Cambridge: Cambridge University Press.

Bettelheim, B. (2010) *Het gebruik van betovering: De betekenis en het belang van sprookjes*. New York: Vintage.

AANPASSINGEN

La belle et la bête. (1946) [Film]. Jean Cocteau. Dir. Frankrijk: DisCina.

Beauty and the Beast. (1991) [Film]. Gary Trousdale en Kirk Wise. Dir. USA: Walt Disney Pictures.

Beauty and the Beast. (2017) [Film]. Bill Condon. Dir. VS: Mandeville Films, Walt Disney Pictures.

*We horen graag van jou! Laat
een reactie achter op jouw online bibliotheek
en deel je favoriete boeken op social media!*

De uitgever garandeert de betrouwbaarheid van de gepubliceerde informatie, die echter niet onder zijn verantwoordelijkheid valt.

www.50minutes.com

Master ISBN: 9782808689045
Papier ISBN: 9782808610445
Wettelijk depot: D/2023/12603/1324

Omslag: © Primento

Digitaal ontwerp: Primento, de digitale partner van uitgevers.